CAMÉES — SCARABÉES
INTAILLES
PATES DE VERRE

Collection de M. X

PARIS
HOTEL DROUOT
21 ET 22 MAI 1926

CATALOGUE

DE

CAMÉES - SCARABÉES INTAILLES

Composant la Collection de M. X

ET DONT LA VENTE AURA LIEU A PARIS

HOTEL DROUOT SALLE N° 9

le lundi 17 et mardi 18 mai 1926

Commissaire-Priseur :

Me F. LAIR-DUBREUIL
6, RUE FAVART, 6
PARIS

Experts :

M. J. FLORANGE
17, RUE DE LA BANQUE, 17
PARIS
Téléphone : Louvre 29-32

M. L. CIANI
54, RUE TAITBOUT, 54
PARIS
Téléphone : Trudaine 62-04

CONDITIONS DE LA VENTE

La vente aura lieu au comptant.

Les acquéreurs paieront 19 fr. 50 pour cent en sus des enchères.

Les pièces ayant été exposées et les acquéreurs ayant ainsi pu juger de leur état, aucune réclamation ne sera admise une fois l'adjudication prononcée.

MM. les Experts se chargent (aux conditions habituelles 5 % d'honoraires) d'exécuter les ordres d'achats que MM. les Amateurs voudront bien leur confier et se réservent le droit de réunir ou diviser les numéros, de suivre ou modifier l'ordre du catalogue.

EXPOSITION PARTICULIÈRE CHEZ LES EXPERTS

M. J. Florange, 17, rue de la Banque, du 3 au 8 mai 1926.

M. L. Ciani, 54, rue Taitbout, du 10 au 15 mai 1926.

CAMÉES

CAMÉES ANTIQUES

1. Deux figures ailées (Sirènes), opposées, la tête de face. — Sardonyx ovale, à trois couches, bleue, blanche et brune. — Époque gréco-romaine.

2. Deux mains jointes. — Sardonyx ovale. — Époque gréco-romaine.

3. Tête d'enfant de face, couronnée de lierre. — Agate ronde. — Époque gréco-romaine. **Voir planche.**

4. Tête de Méduse à dr., des ailerons aux tempes. — Calcédoine blanche. — Époque gréco-romaine.

5. Masque tragique de face. — Agate à deux couches, ovale. — Époque gréco-romaine. **Voir planche.**

6. Buste imberbe, à dr. — Calcédoine ovale, à deux couches, blanche et noire, collée sur une pâte de verre. — Époque romaine. **Voir planche.**

7. Tête de Minerve casquée, à dr. — Calcédoine à trois couches. — Époque gréco-romaine. **Voir planche.**

8. Femme à demi nue, couchée sur un lit de repos. Devant elle, deux personnages, dont l'un tient un flabellum. — Agate ovale. — Époque gréco-romaine. **Voir planche.**

9. Femme drapée, debout à g., tenant un bouquet et un plateau ; derrière elle, un vase sur une colonne. — Calcédoine à trois couches, brune, blanche et fumée. Fragment. — Époque gréco-romaine. **Voir planche.**

10. Enfant accroupi à dr., jouant avec une oie qu'il tient par le cou. — Agate ronde à deux couches, blanche et jaune. — Époque gréco-romaine. **Voir planche.**

11. Léda et le cygne. — Agate à deux couches, blanche et transparente. — Époque gréco-romaine. **Voir planche.**

12. Deux mains jointes : au-dessous, **OMONOIA**. — Agate ovale. — Époque gréco-romaine.

13. Tête d'enfant, de trois quarts à dr. — Cornaline ovale. Fragmentée. — Époque gréco-romaine. **Voir planche.**

14. Loup à dr., dévorant une proie. — Sardonyx ovale, à deux couches, bleuâtre et fumée. — Époque gréco-romaine.

15. Deux colombes à g. ; en haut, **ΔΥΙΩΞΣ**. — Calcédoine ovale, à deux couches, blanche et fumée. — Époque gréco-romaine. **Voir planche.**

CAMÉES MODERNES

16. Tête de vieillard, chauve, barbu, à g. — Jaspe ovale, à deux couches, jaune et brune.

17. Buste de Diane de trois quarts à dr., les cheveux relevés, drapée, le carquois à l'épaule. — Jaspe ovale, à deux couches, blanche et rouge.

18. Empereur romain (Néron ?). Tête à dr., imberbe, laurée. — Calcédoine ovale, à deux couches, blanche et grise.

19. Tête de jeune homme imberbe, à dr., coiffé d'un bonnet napolitain. — Calcédoine ovale, à deux couches, blanche et grise.

20. Tête de jeune homme à g., imberbe, les cheveux courts. Style antique. — Calcédoine ovale, à deux couches, blanche et brune.

21. Empereur romain (Trajan). Tête à g., imberbe, laurée. — Jaspe à deux couches, jaune et verdâtre.

22. Empereur romain (Caracalla). Buste de trois quarts à g., drapé, avec une barbe naissante. — Cornaline ovale, à deux couches, jaune et rose.

23. Tête d'enfant à dr., les cheveux bouclés. Style antique. — Jaspe ovale, à deux couches, blanche et brune.

24. Buste de femme à g., les cheveux bouclés, flottant sur l'épaule. — Calcédoine ovale, à deux couches, blanche et grise.

25. Tête de jeune homme à g., imberbe, les cheveux courts. — Sardonyx ovale, à trois couches, grise, blanche et brune.

26. Buste d'empereur à dr., imberbe, lauré, vêtu du paludamentum. — Calcédoine ovale, à deux couches, blanche et cendrée.

27. Buste de femme à dr., drapée, la tête couverte d'un voile. — Agate ovale, à deux couches, blanche et rougeâtre.

28. Buste imberbe à g., les cheveux demi-longs, ceints d'un diadème; à la tempe, corne de bélier. — Sardoine ovale, à deux couches, blanche et grise.

29. Buste de femme à g. — Agate ovale, à deux couches, blanche et rosée.

30. Buste d'homme nu, imberbe, à g., style antique. — Sardoine ovale, à deux couches, blanche et fumée.

31. Buste d'empereur, barbu et lauré, à dr. — Sardoine ovale, à trois couches, jaune, blanche et foncée.

32. Vénus à demi nue, marchant vers la dr., tenant une colombe dans le pli de son voile. A g., ΠΙΧΛΕΡ. — Sardoine à deux couches, blanche et brune. Cassée en deux morceaux. Joli travail du célèbre graveur en pierres fines Pichler (XVIIIe siècle).
Voir planche.

33. Victoire drapée, debout à dr., tenant un rameau. — Sardoine translucide, à deux couches, blanche et fumée. **Voir planche.**

34. Socrate. Masque barbu, de face. — Jaspe ovale, à trois couches, brune, jaunâtre et brune. Beau travail.

35. Buste de femme à dr., vêtue d'un corsage à haute collerette. — Sardonyx rectangulaire à deux couches, blanche et noire.

36. Enfant nu, courant vers la dr., la tête de face, tenant sur son épaule un bâton où sont suspendus un lièvre et un chevreau. — Sardonyx ovale, à trois couches, blanche, bleuâtre et bleu foncé. Beau travail. **Voir planche.**

37. Tête de bacchante à g., les cheveux flottants, couronnée de lierre. — Cornaline ovale.

38. Tête d'homme imberbe, à dr. — Sardonyx ovale, translucide, à deux couches, blanche et fumée.

39. Buste de femme à dr., drapée, un collier au cou. Style antique. — Agate ovale, à deux couches, blanche et rouge.

40. Deux femmes nues, de face, en sens opposé; au-dessus, une draperie (?), au-dessous, une tête ailée. — Cornaline ovale, à deux couches, rose et blanche.

41. Socrate. Tête à g. — Calcédoine ovale, à deux couches, blanche et bleue collée sur une pâte de verre.

42. Guerrier. Buste barbu, casqué, à dr. — Sardonyx ovale, à deux couches, blanche et translucide.

43. Buste de femme à g. — Sardonyx ovale, à deux couches, blanche et fumée.

44. Tête d'homme chauve, barbu, à g. — Agate ovale, à trois couches, brune, blanche et brune.

45. Tête d'homme imberbe, à dr., les cheveux flottant sur le cou. — Jaspe ovale à deux couches, blanche et brune.

46. Buste du Christ à g. ; au revers, buste de la Vierge à dr. — Sardonyx ovale, translucide.

47. Buste de femme à dr., coiffé du bonnet phrygien. — Agate ovale, à deux couches, blanche et rougeâtre.

48. Amour conduisant une chèvre vers la dr. — Coquille rectangulaire.

49. Buste de femme à dr., style de la Renaissance. Cornaline à deux couches, blanche et rouge. — Travail moderne.

50. Buste d'homme barbu, casqué, à dr. — Cornaline à deux couches, blanche et rouge.

SCARABÉES

---

51. Hercule nu, imberbe, debout à g., le pied sur un rocher ; il tient un arc et une massue ; à ses pieds, son carquois. — Scarabée, cornaline. — Style grec archaïque. **Voir planche.**

52. Guerrier, armé d'une lance et d'un bouclier, courant à g. — Scarabée, cornaline. — Style grec archaïque. **Voir planche.**

53. Centaure au galop à g., emportant une nymphe. — Scarabée, cornaline. — Style grec archaïque. **Voir planche.**

54. Monstre marin tenant une algue (?). — Scarabée, cornaline. — Style grec archaïque. **Voir planche.**

55. Pégase à dr., baissant la tête. — Scarabée, cornaline. — Style grec archaïque. **Voir planche.**

56. Quadrupède vu de dos (?). — Scarabée, cornaline. — Style grec archaïque. **Voir planche.**

57. Cheval au galop à dr. ; au-dessus, étoile. — Scarabée, cornaline. — Style grec archaïque. **Voir planche.**

58. Ganymède et l'aigle de Zeus, à dr. — Scarabée, cornaline. — Style grec archaïque. **Voir planche.**

59. Philoctète nu, à dr., tenant un arc. — Scarabée, cornaline. — Style grec archaïque. **Voir planche.**

60. Trois chevaux de face. — Scarabée, cornaline. — Style grec archaïque. **Voir planche.**

61. Cinq vautours debout de face sur un cadavre (?). — Scarabée, cornaline. — Style grec archaïque. **Voir planche.**

62. Hercule nu, debout à dr., tenant l'arc et la massue. — Scarabée, cornaline ébréchée. — Style grec archaïque. **Voir planche.**

63. Centaure debout à dr., détournant la tête. — Scarabée, cornaline. — Style grec archaïque. **Voir planche.**

64. Cerf à dr., retournant la tête. — Scarabée, cornaline. — Style grec archaïque. **Voir planche.**

65. Chevreuil debout à dr. — Scarabée, cornaline. — Style grec archaïque. **Voir planche.**

66. Chimère bondissant à dr. — Scarabée, cornaline (brisé). — Style grec archaïque.

67. Personnage nu, marchant à dr., tenant une amphore. — Scarabée, cornaline. — Style grec archaïque. **Voir planche.**

68. Personnage à demi nu, casqué, assis à dr., écrivant avec un stylet sur une tablette. — Scarabée, jaspe sanguin. — Époque gréco-romaine. **Voir planche.**

69. Mars debout à g., tenant une lance, la pointe en terre, et un bouclier. — Scarabée, cornaline. — Époque gréco-romaine. **Voir planche.**

70. Lion à dr. — Scarabée, cornaline. — Époque gréco-romaine. **Voir planche.**

71. Amour debout à dr., tenant son arc. — Scarabée, cornaline. — Époque gréco-romaine. **Voir planche.**

72. Lion dévorant un taureau. — Scarabée, jaspe vert. — Époque gréco-romaine. **Voir planche.**

INTAILLES

INTAILLES ANTIQUES

73. Amour agenouillé à g., tenant un oiseau et un lacet. — Cornaline ovale. — Époque gréco-romaine. **Voir planche.**

74. Masque de lion de face. — Cornaline ovale. — Époque gréco-romaine. **Voir planche.**

75. Pan debout à g., tenant le pedum et un vase; devant lui, un chevreau bondissant. — Nicolo ovale. — Époque gréco-romaine. **Voir planche.**

76. Satyre, chevauchant une chèvre conduite vers la g. par deux autres satyres. — Cornaline ovale. — Époque gréco-romaine. **Voir planche.**

77. Tête de jeune homme à g., avec une barbe naissante. — Agate fumée, ovale. — Époque gréco-romaine. **Voir planche.**

78. Amour debout de face, tenant une haste et un lièvre. — Cornaline ovale. — Époque gréco-romaine. **Voir planche.**

79. Griffon accroupi à g., levant la patte dr. au-dessus d'un disque fleuronné. — Cornaline ovale. — Époque gréco-romaine. **Voir planche.**

80. Tête de Méduse à g., des ailerons aux tempes. — Cornaline ovale, fragmentée. — Époque gréco-romaine. **Voir planche.**

81. Amour jouant à la balle et courant vers la dr., devant lui, amphore (?). — Cornaline ronde. — Époque gréco-romaine. **Voir planche.**

82. Amour dans un char traîné vers la g. par deux autruches. — Agate ovale, fumée. — Époque gréco-romaine. **Voir planche.**

83. Homme barbu coiffé d'un bonnet (Ulysse), à demi nu, tourné vers la g.; à ses pieds, le buste d'un homme sortant de terre. — Sardonyx à trois couches, brune, blanche et noire. — Époque gréco-romaine. **Voir planche.**

84. Zeus debout à dr., tenant un sceptre et le foudre ; à ses pieds, l'aigle. — Cornaline ovale. — Époque gréco-romaine. **Voir planche.**

85. Aigle debout à g., tenant dans son bec une couronne. Dans le champ, **M-ᗺ-ꟻ** ; en haut, étoile. — Cornaline ovale. — Époque gréco-romaine. **Voir planche.**

86. Guerrier debout à g., la lance en terre, devant une colonne surmontée d'une urne. — Cristal de roche ovale. — Époque gréco-romaine. **Voir planche.**

87. La Fortune debout à dr., tenant une corne d'abondance et un gouvernail. — Cornaline ovale. — Époque gréco-romaine. **Voir planche.**

88. Hercule nu, marchant vers la g., la tête à dr. ; derrière lui, plante. — Cornaline ovale. — Époque gréco-romaine. **Voir planche.**

89. Deux coqs affrontés. — Cornaline ovale. — Époque gréco-romaine. **Voir planche.**

90. Grenouille entre un poisson et un dauphin. — Cornaline ovale. — Époque gréco-romaine. **Voir planche.**

91. Amour assis à g., pêchant à la ligne. — Grenat ovale. — Époque gallo-romaine. **Voir planche.**

92. Guerrier debout à g., tenant un casque à la main ; à ses pieds, une cuirasse. — Cornaline ovale (brisée). — Époque gréco-romaine. **Voir planche.**

93. Sphinx accroupi à g. — Cornaline ovale. — Époque gréco-romaine. **Voir planche.**

94. Coq debout à g., devant un pot de fleurs. — Cornaline ovale. — Époque gréco-romaine. **Voir planche.**

95. Triton à g., tenant un trident. — Cornaline ronde. — Époque gréco-romaine. **Voir planche.**

96. La Fortune drapée, debout à g., tenant une corne d'abondance et un gouvernail. — Cornaline ovale. — Époque gréco-romaine. **Voir planche.**

97. Cavalier au galop à g., tenant par les cornes une biche ; sous le cheval, un chien. — Cornaline ovale. — Époque gréco-romaine. **Voir planche.**

98. Tête d'Hercule de trois quarts à g. — Jaspe sanguin, ovale. — Époque gréco-romaine. **Voir planche.**

99. Buste d'Athéna à g. — Jaspe rouge, ovale. — Époque gréco-romaine. **Voir planche.**

100. Tête de femme à g. — Cornaline ovale. — Époque gréco-romaine. **Voir planche.**

101. Buste de Diane de face, sur un croissant de lune. — Jaspe vert, ovale. — Époque gréco-romaine. **Voir planche.**

102. Grue jouant de la trompette, entre une palme et une couronne. — Cornaline ovale. — Époque gréco-romaine. **Voir planche.**

103. Masque barbu, de face. — Cornaline ovale. — Époque gréco-romaine. **Voir planche.**

104. Tête barbue à g. — Jaspe veiné, rond. — Époque gréco-romaine. **Voir planche.**

105. Mercure debout à g., tenant le caducée et une bourse. — Cornaline ovale. — Époque gréco-romaine. **Voir planche.**

106. Guerrier à demi nu, se penchant vers la g. pour ramasser un bouclier ; derrière son dos, un second bouclier. — Cornaline ovale. — Époque gréco-romaine. **Voir planche.**

107. Vache passant, à g. ; au-dessous, rameau. — Cornaline ovale. — Époque gréco-romaine. **Voir planche.**

108. Vieillard (Homère ?) assis à g., sur un rocher, au pied d'un arbre; devant lui, un jeune garçon debout, nu, tenant un pedum, lui tend la main. Derrière le rocher, une chèvre. — Cornaline ovale. — Époque gréco-romaine. **Voir planche.**

109. Amour assis à g., à ses pieds une couronne. — Cornaline ovale. — Époque gréco-romaine. **Voir planche.**

110. Homme à demi nu, assis à g. sur un rocher, jouant avec une chèvre. — Cornaline ovale. — Époque gréco-romaine. **Voir planche.**

111. Tête de Cérès (?) couronnée d'épis, à g. — Cornaline ovale. — Époque gréco-romaine. **Voir planche.**

112. Tête de Zeus Ammon à g. — Cornaline ovale. — Époque gréco-romaine. **Voir planche.**

113. Fourmi. — Sardonyx à trois couches, brune, bleuâtre et bleu foncé. — Époque gréco-romaine. **Voir planche.**

114. Personnage nu, assis à g. ; devant lui, arbres et rochers. — Cornaline ovale. — Époque gréco-romaine. **Voir planche.**

115. Trois chevaux bondissant, de trois quarts à g. — Cornaline ovale. — Époque gréco-romaine. **Voir planche.**

116. Hélios à demi nu, la tête radiée, tenant un globe. — Jaspe rouge, ovale. — Époque gréco-romaine. **Voir planche.**

117. Deux Victoires tenant des couronnes, debout face à face. — Nicolo ovale. — Époque gréco-romaine. **Voir planche.**

118. Personnage nu, debout à g., tenant une branche et jouant avec un chien. — Sardoine ovale, à trois couches, brune, blanche et foncée. — Époque gréco-romaine. **Voir planche.**

119. Silène, tenant un thyrse et un lièvre, dansant devant un satyre qui joue de la double flûte. — Cornaline ovale. — Époque gréco-romaine. **Voir planche.**

120. Buste de femme, drapée, à g. — Jaspe brun, ovale. — Époque gréco-romaine. **Voir planche.**

121. Mercure debout à dr. — Grenat ovale. — Époque gréco-romaine. **Voir planche.**

122. Tête imberbe, à g.; devant, sauterelle ; derrière, bouclier sur lequel est perché un oiseau. — Sardonyx ovale, à deux couches, blanche et brune. — Époque gréco-romaine. **Voir planche.**

123. Gouvernail. — Grenat, ovale. — Époque gréco-romaine. **Voir planche.**

124. La Fortune, debout de face. — Cornaline ovale (brisée). — Époque gréco-romaine.

125. Tête de femme, à g. — Sardonyx ovale. — Époque gréco-romaine. **Voir planche.**

126. La Fortune drapée, debout à g., le pied sur une sphère. — Sardonyx ovale, verdâtre. Époque gréco-romaine. **Voir planche.**

127. Buste imberbe, lauré, à g. — Sardonyx verdâtre, ovale. — Époque gréco-romaine. **Voir planche.**

128. Buste imberbe, diadémé, à g. — Agate ovale. — Époque gréco-romaine. **Voir planche.**

129. Scarabée ; autour, inscription : **ΔЄΟ... ΟΥΑΑΖΑ** ; au revers, crabe. — Lapis-lazuli, ovale. — Époque gréco-romaine. **Voir planche.**

130. Guerrier debout à g., tenant une lance et un casque ; à ses pieds, un bouclier ; derrière lui, une colonne. — Cristal de roche ovale. — Époque gréco-romaine. **Voir planche.**

131. Diomède nu, assis à g., tenant le palladium ; devant lui, un arc. — Cornaline ovale. — Époque gréco-romaine. **Voir planche.**

132. Personnage jouant avec une chèvre. — Sardonyx verdâtre, ovale. — Époque gréco-romaine. **Voir planche.**

133. Buste barbu à dr. (Hercule ?). — Jaspe rouge, ovale. — Époque gréco-romaine. **Voir planche.**

134. Quadrige au galop à g. — Agate à deux couches, ovale. — Époque gréco-romaine. **Voir planche.**

135. Tête barbue et laurée à dr., les cheveux tombant en deux longues mèches sur le cou. — Cornaline ovale. — Époque gréco-romaine. **Voir planche.**

136. Buste de Minerve casquée à g. — Jaspe ovale. — Époque gréco-romaine. **Voir planche.**

137. Buste de femme, laurée et voilée, à g. — Lapis-lazuli ovale. — Époque gréco-romaine. **Voir planche.**

138. Tête imberbe diadémée à g. — Agate à trois couches, ovale. — Époque gréco-romaine. **Voir planche.**

139. Buste imberbe à g. — Améthyste ovale brisée. — Époque gréco-romaine. **Voir planche.**

140. Buste de femme à g. accolé à un buste de Silène, couronné de lierre, à dr. — Cornaline ovale. — Époque gréco-romaine. **Voir planche.**

141. Poisson, poulpe, seiche et coquillage. — Jaspe ovale. — Époque gréco-romaine. **Voir planche.**

142. Vase. — Cornaline ovale. — Époque gréco-romaine. **Voir planche**

143. Trophée. Au pied, deux captifs. — Cornaline ovale. — Époque gréco-romaine.

144. Rat. — Calcédoine ronde à trois couches. — Époque gréco-romaine. **Voir planche.**

145. Mars marchant à g., un trophée sur l'épaule. — Cornaline ovale. — Époque gréco-romaine. **Voir planche.**

146. Victoire ailée, tenant un caducée, marchant à g.; à ses pieds, un serpent. — Cornaline ovale. — Époque gréco-romaine. **Voir planche.**

147. Omphale nue marchant à g., tenant une massue et une peau de lion. — Calcédoine à trois couches. — Époque gréco-romaine. **Voir planche.**

148. Femme à demi nue, tenant un casque et une lance, debout à g.; devant elle, un petit Amour tendant les bras vers le casque. — Cornaline ovale. — Époque gréco-romaine. **Voir planche.**

149. Jeune garçon nu, tenant un thyrse, debout à g., étendant la main au-dessus d'un petit autel. — Cornaline ovale. — Époque gréco-romaine. **Voir planche.**

150. Enfant à demi nu, marchant vers la g., tenant un bouquet d'épis et un objet indéterminé. — Sardoine ovale. — Époque gréco-romaine. **Voir planche.**

151. Homme nu, debout à g., tenant un pedum ; à ses pieds, un chevreau. — Agate à trois couches. — Époque gréco-romaine. **Voir planche.**

152. Victoire debout à dr., tenant un rameau. — Cornaline ovale. — Époque gréco-romaine. **Voir planche.**

153. Enfant à demi nu, debout à g., tenant un bouquet d'épis et un objet indéterminé. — Jaspe rouge, ovale. — Époque gréco-romaine. **Voir planche.**

154. Mars marchant à g., un trophée sur l'épaule. — Cornaline ovale. — Époque gréco-romaine. **Voir planche.**

155. Victoire marchant à g., couronnant un trophée. — Cornaline ovale. — Époque gréco-romaine. **Voir planche.**

156. Guerrier casqué, assis à dr. sur le sol ; il tient sur sa main g. tendue le palladium ; derrière lui, un glaive au fourreau ; devant, son bouclier. A l'ex., ΓΟΧΙ. — Agate. — Époque gréco-romaine. **Voir planche.**

157. Ganymède nu, assis à g. ; devant lui, l'aigle de Zeus. — Cornaline ovale. — Époque gréco-romaine. **Voir planche.**

158. Zeus-Sérapis assis à dr. sur un trône ; devant lui, Harpocrate tenant une corne d'abondance, et une femme drapée tenant un sistre et un vase à parfums (?). — Cornaline ovale. — Époque gréco-romaine. **Voir planche.**

159. Athéna assise à dr., tenant sur sa main tendue une petite Victoire ; devant elle, trophée (casque et boucliers). — Cornaline ovale. — Époque gréco-romaine. **Voir planche.**

160. Satyre à g., tenant une double flûte. — Calcédoine ovale. — Époque gréco-romaine. **Voir planche.**

161. Panoplie d'armes diverses. — Cornaline ovale. — Époque gréco-romaine. **Voir planche.**

162. Athéna assise à dr., tenant un casque. — Agate ovale. — Époque gréco-romaine. **Voir planche.**

163. Guerrier à demi agenouillé à g., se couvrant de son bouclier. — Jaspe vert, ovale. — Époque gréco-romaine. **Voir planche.**

164. Personnage à demi nu, assis à g. — Agate ovale, à deux couches, brune et blanche. — Époque gréco-romaine. **Voir planche.**

165. Jeune pâtre nu, assis à g., tenant un chien en laisse. — Calcédoine ovale, blanche. — Époque gréco-romaine. **Voir planche.**

166. Léda et le cygne. — Nicolo ovale. — Époque gréco-romaine. **Voir planche.**

167. Léda et le cygne. — Cornaline ovale. — Époque gréco-romaine. **Voir planche.**

168. Aigle dépeçant un lièvre sur un rocher ; devant, un chien. — Jaspe rouge, ovale. — Époque gréco-romaine. **Voir planche.**

169. Bœuf marchant vers la g. — Cornaline ovale. — Époque gréco-romaine. **Voir planche.**

170. Diomède nu, assis à g., tenant le palladium. — Cornaline ovale. — Époque gréco-romaine. **Voir planche.**

171. Deux personnages drapés, debout à g., jouant de la flûte et sacrifiant devant un petit autel. — Cornaline ovale. — Époque gréco-romaine. **Voir planche.**

172. La Fortune debout à g. ; devant elle, la Victoire qui lui tend une couronne. — Agate ovale. — Époque gréco-romaine. **Voir planche.**

173. Énée marchant vers la g., portant Anchise sur ses épaules ; devant lui, Ascagne ; derrière, un palais en flammes. — Sardoine ovale. — Époque gréco-romaine. **Voir planche.**

174. Deux femmes drapées, debout face à face. — Jaspe rouge, ovale. — Époque gréco-romaine. **Voir planche.**

175. Deux personnages travaillant à la ciselure d'un grand bouclier. Celui de g. nu, et imberbe ; celui de dr., chauve, barbu, à demi drapé. — Cornaline ovale. — Époque gréco-romaine. **Voir planche.**

176. Cheval debout à g. — Cornaline ovale. — Époque gréco-romaine. **Voir planche.**

177. Femme drapée, debout à g., sacrifiant devant un autel ; derrière elle, deux enfants, l'un tenant un sistre, l'autre jouant de la double flûte. — Cornaline ovale. — Époque gréco-romaine. **Voir planche.**

178. Bige s'avançant vers la dr., conduit par un aurige. — Cornaline ovale. — Époque gréco-romaine. **Voir planche.**

179. Diane poursuivant un cerf qui fuit vers la g. — Agate ovale, à deux couches, brune et blanche. — Époque gréco-romaine. **Voir planche.**

180. Léda et le cygne. — Cornaline ovale. — Époque gréco-romaine. **Voir planche.**

181. Chèvre debout à g. ; devant, corne d'abondance. — Cornaline ovale. — Époque gréco-romaine. **Voir planche.**

182. Buste d'amazone à dr., drapée, un sein découvert. — Cornaline ovale. — Époque gréco-romaine. **Voir planche.**

183. Chèvre couchée à g. ; derrière, épi de blé. — Nicolo ovale. — Époque gréco-romaine. **Voir planche.**

184. Cheval debout à g., attaché à un autre. — Agate ovale, rubannée. — Époque gréco-romaine. **Voir planche.**

185. Deux coqs affrontés. — Agate rubannée. — Époque gréco-romaine. **Voir planche.**

186. Deux taureaux marchant vers la g. — Cornaline ovale. — Époque gréco-romaine. **Voir planche.**

187. Guerrier marchant vers la g., à côté de son cheval. — Cornaline ovale. — Époque gréco-romaine. **Voir planche.**

188. Aigle debout à g. sur un lièvre. — Sardoine à trois couches, brune, bleuâtre et foncée. — Époque gréco-romaine. **Voir planche.**

189. Jeune homme nu, assis à g. sur un rocher, tenant un casque, sa lance à l'épaule, et son glaive derrière le dos. — Cornaline ovale. — Époque gréco-romaine. **Voir planche.**

190. Femme à demi nu couchée à g. ; devant elle, un Amour et une étoile (?) ; à g., un arbre et un cratère. — Cornaline ovale. — Époque gréco-romaine. **Voir planche.**

191. Diane à demi nue, assise à dr., tenant un arc, la main sur son carquois ; à ses pieds, un chien. — Cornaline ovale. — Époque gréco-romaine. **Voir planche.**

192. Personnage à demi nu, debout à dr., se penchant pour toucher une tête d'homme posée sur une base. — Agate ovale, blanche et noire. — Époque gréco-romaine. **Voir planche.**

193. Guerrier nu, agenouillé à g., la tête à dr., se couvrant d'un bouclier à tête de Gorgone. — Cornaline ovale. — Époque gréco-romaine. **Voir planche.**

194. Personnage à demi nu, assis à dr. sur un siège à dossier, tenant une sphère et un

rameau d'olivier; devant lui, un volumen. — Jaspe rouge, ovale. — Époque gréco-romaine. **Voir planche.**

195. Personnage nu, assis à g., tenant un casque; devant lui, une cuirasse posée à terre; derrière, un bouclier et une colonne. — Cornaline ovale. — Époque gréco-romaine. **Voir planche.**

196. Victoire à demi nue, ailée, marchant à g., tenant sur ses épaules un trophée. — Cornaline ovale. — Époque gréco-romaine. **Voir planche.**

197. Soldat en armes, marchant à g. — Cornaline ovale, à deux couches, blanche et rougeâtre. — Époque gréco-romaine. **Voir planche.**

198. Bouquetin à g., détournant la tête; devant lui, plante. — Calcédoine ovale. — Époque archaïque. **Voir planche.**

199. Femme drapée, assise à dr., tenant une corne d'abondance et tendant la main à un enfant debout devant elle. — Cornaline ovale. — Époque gréco-romaine. **Voir planche.**

200. Mercure assis à dr., tenant une bourse et le caducée; à ses pieds, un chien. Au revers, personnage debout à g.; autour, l'inscription : NEAM...VAINDVA (?). — Cristal de roche, ovale. — Époque gréco-romaine. **Voir planche.**

201. Guerrier nu, agenouillé à g., tenant un glaive et un bouclier. — Cornaline quadrangulaire. — Époque gréco-romaine. **Voir planche.**

202. Guerrier debout à dr., s'appuyant sur sa lance, son bouclier à terre à sa dr. — Cornaline ovale. — Époque gréco-romaine. **Voir planche.**

203. Personnage comique, barbu, casqué, tenant un trident et une bourse. — Sardoine ovale. — Époque gréco-romaine. **Voir planche.**

204. Personnage à demi nu, à dr., s'appuyant sur un long bâton et faisant une libation à l'aide d'un vase; à ses pieds, un chat. — Cornaline ovale (blanchâtre). — Époque gréco-romaine. **Voir planche.**

205. Athéna drapée et casquée, debout à dr., tenant une corne d'abondance, un gouvernail et trois épis de blé. — Cornaline ovale. — Époque gréco-romaine. **Voir planche.**

206. Buste d'Athéna casquée, à dr., ΩΑΟΤΙΥΤΙ. — Sardoine ovale, verte. — Époque gréco-romaine. **Voir planche.**

207. Omphale à demi nue, debout à g., couverte d'une peau de lion, une massue sur l'épaule. — Cornaline ovale. — Époque gréco-romaine. **Voir planche.**

208. Enfant nu, marchant vers la dr., tenant une grappe de raisin ; derrière lui, cep de vigne (?). — Cornaline ovale. — Époque gréco-romaine. **Voir planche.**

209. Victoire marchant vers la g., tenant une palme et une couronne. — Cornaline ovale. — Époque gréco-romaine. **Voir planche.**

210. Vénus à demi nue, assise à g. ; devant elle, Mars debout de face. — Cornaline ovale. — Époque gréco-romaine. **Voir planche.**

211. Jeune homme nu, debout de face, tenant une massue, accoudé sur un autel, une coupe dans la main. — Cornaline ovale. — Époque gréco-romaine. **Voir planche.**

212. Femme à demi nue, assise à g., tenant un arc ; devant elle, un Amour assis à g. sur un petit autel rond, et tenant une flèche. — Cornaline ovale. — Époque gréco-romaine. **Voir planche.**

213. Femme drapée debout à g., tenant des fruits (?) et un bouquet d'épis. — Cornaline ovale. — Époque gréco-romaine. **Voir planche.**

214. Aigle debout à g. ; devant, un serpent. — Cornaline ovale. — Époque gréco-romaine. **Voir planche.**

215. Pégase à g. ; au-dessus, petite tête d'homme à g. — Cornaline ovale. — Époque gréco-romaine. **Voir planche.**

216. Tête imberbe, à g. — Jaspe à deux couches, blanche et foncée. — Époque gréco-romaine. **Voir planche.**

217. La Fortune debout à dr. — Améthyste ovale. — Époque gréco-romaine. **Voir planche.**

218. Femme drapée, debout de face, accoudée à une colonne, et tenant un long bâton. — Agate rubannée, ovale. — Époque gréco-romaine. **Voir planche.**

219. Personnage nu, debout à g. devant un petit autel, tenant un thyrse et une grappe de raisin. — Agate ovale, à deux couches, blanche et brune. — Époque gréco-romaine. **Voir planche.**

220. Bige au galop à g., conduit par un Amour. — Jaspe rouge, ovale. — Époque gréco-romaine. **Voir planche.**

221. Cheval paissant à g. — Agate rubannée, ovale. — Époque gréco-romaine. **Voir planche.**

222. Personnage à demi nu, barbu, debout à dr., tenant un rameau au-dessus d'un

globe (?) ; devant lui, un jeune homme debout à g., portant un troisième personnage sur ses épaules. — Jaspe ovale. — Époque gréco-romaine. **Voir planche.**

223. Femme ailée, casquée et drapée, tenant un gouvernail et un bouquet d'épis ; devant elle, un corbeau à terre, et une femme drapée (?). — Cornaline ovale (fragmentée). — Époque gréco-romaine. **Voir planche.**

224. Homme nu, accroupi à dr., tenant un bouclier et une cuirasse (?). — Cornaline ovale. — Époque gréco-romaine. **Voir planche.**

225. Personnage à demi nu à dr. sur un siège dont le haut dossier est orné de dauphins ; tenant de la main g. une palme (?) et de la dr. un gouvernail (?) ; à ses pieds un aigle. — Cornaline ovale. — Époque gréco-romaine. **Voir planche.**

226. Un homme et une femme à demi nus, étendus face à face ; à g., une colonne surmontée d'un vase ; au-dessus, une draperie. — Cornaline ovale. — Époque gréco-romaine. **Voir planche.**

227. Mars marchant vers la g., un trophée sur l'épaule. — Cornaline ovale. Monture de grenats. — Époque gréco-romaine. **Voir planche.**

228. Lion passant à g. — Agate à trois couches, blanche, bleuâtre et foncée. — Époque gréco-romaine. **Voir planche.**

229. Buste radié entre une étoile et un croissant de lune ; au-dessous, un aigle entre deux flambeaux. — Cornaline ovale. — Époque gréco-romaine. **Voir planche.**

230. Personnage nu, debout à g., s'appuyant sur une lance ; devant lui, une cuirasse sur un pieu. — Cornaline ovale. — Époque gréco-romaine. **Voir planche.**

231. Personnage nu, agenouillé à g. ; à son côté, un thyrse (?) la pointe en terre ; il tient sur sa main tendue une petite tête d'homme tournée à dr. — Cornaline ovale. — Époque gréco-romaine. **Voir planche.**

232. Athéna en armes, marchant à g. — Améthyste ovale. — Époque gréco-romaine. **Voir planche.**

233. Amour debout à g,. tenant une flèche et un carquois. — Grenat, ovale. — Époque gréco-romaine. **Voir planche.**

234. Zeus-Sérapis assis de face sur son trône, tenant son sceptre ; à ses pieds, l'aigle ; à dr., le foudre. — Malachite quadrangulaire. — Époque gréco-romaine. **Voir planche.**

235. Victoire, tenant une palme, dans un bige au pas à g. — Malachite ovale. — Époque gréco-romaine. **Voir planche.**

236. Tête de Zeus Ammon à dr. — Calcédoine ovale, à deux couches, blanche et foncée. — Époque gréco-romaine. **Voir planche.**

237. Femme drapée debout à dr., tenant une patère et un épi de blé. — Cornaline ovale. — Époque gréco-romaine. **Voir planche.**

238. Tête de Zeus-Sérapis à g. — Jaspe foncé, ovale. — Époque gréco-romaine. **Voir planche.**

239. Fleur. — Cornaline ovale. — Époque gréco-romaine. **Voir planche.**

240. Langouste. — Cornaline ovale. — Époque gréco-romaine. **Voir planche.**

241. La Louve et les jumeaux, Romulus et Rémus. — Cornaline ovale. — Époque romaine. **Voir planche.**

242. Empereur debout de face, s'appuyant sur une lance, tenant un globe surmonté d'une Victoire. — Cornaline ovale. — Époque romaine. **Voir planche.**

243. Course de chars dans un cirque. — Calcédoine ovale. — Époque romaine. **Voir planche.**

244. Tête imberbe à g. (Auguste ?). — Nicolo ovale. — Époque romaine. **Voir planche.**

245. Grylle. — Agate à deux couches, jaune et blanche. — Époque gréco-romaine. **Voir planche.**

246. Grylle. — Cornaline ovale. — Époque gréco-romaine. **Voir planche.**

247. Grylle. Au revers, buste imberbe, drapé à g. ; derrière, caducée ; autour, les lettres COL. — Jaspe rouge, ovale. — Époque gréco-romaine. **Voir planche.**

248. Grylle. Tête à triple face. — Cornaline ovale. — Époque gréco-romaine. **Voir planche.**

249. Grylle. Monstre accroupi à dr. — Cornaline ovale. — Époque gréco-romaine. **Voir planche.**

250. Grylle. Hippogriffe. — Cornaline ovale. — Époque gréco-romaine. **Voir planche.**

251. Idole de face ; à dr., étoile. — Jaspe rouge, ovale. **Voir planche.**

INTAILLES MODERNES

252. Apollon. Buste à g., drapé, les cheveux longs ; devant le buste, lyre. — Jaspe vert, ovale. **Voir planche.**

253. Tête d'homme à dr., barbu, les cheveux ceints d'un diadème. — Cornaline ovale. **Voir planche.**

254. L'Abondance. Femme drapée, debout à dr., la main tendue au-dessus d'une corne d'abondance posée à terre. — Agate veinée, ovale. **Voir planche.**

255. Buste masculin à g., nu, les cheveux courts. Style antique. — Calcédoine translucide, jaunâtre, ovale. **Voir planche.**

256. Tête d'homme barbu, à g., style antique. — Cornaline. Fragment. **Voir planche.**

257. L'Aurore (?) sur un char traîné vers la dr., sur les nuages, par deux chevaux, au-dessus desquels vole un Amour. — Cornaline ovale. **Voir planche.**

258. Femme drapée, marchant vers la dr., tenant un serpent. — Calcédoine translucide, fumée. **Voir planche.**

259. Homme nu, marchant vers la dr., une draperie sur les épaules, tenant une baguette. Style antique. — Cristal de roche fumé, ovale. **Voir planche.**

260. Silène nu, assis sur un rocher, au pied d'un arbre, et portant une coupe à ses lèvres. — Agate translucide, fumée, ovale. **Voir planche.**

261. Pallas, tête casquée à g. – Cornaline ovale. **Voir planche.**

262. Lucius Vérus. Buste à dr., lauré, barbu, vêtu du paludamentum. — Jaspe brun, ovale. **Voir planche.**

263. Femme nue assise à dr. sur une cuirasse et un bouclier ; elle tient un casque ; derrière elle, une lance et un glaive au fourreau ; à dr., **ΑΛΙΗΟ**. Style antique. — Jaspe ovale. **Voir planche.**

264. Buste de femme drapée, à dr. Style antique. — Cornaline ovale. **Voir planche.**

265. Cléopâtre. Buste à g., diadémé ; la main g. tient un serpent qui s'enroule autour du bras. — Jaspe vert, ovale. **Voir planche.**

266. Victoire. Buste de trois quarts à g. On voit les extrémités des ailes au-dessus des épaules. — Cristal de roche, ovale. **Voir planche.**

267. Buste d'homme barbu, à dr., coiffé d'un turban. — Jaspe vert (sanguin). **Voir planche.**

268. Buste d'homme barbu, chauve à dr. Style antique. — Agate translucide, ovale. **Voir planche.**

269. César. Buste imberbe, lauré, à g. — Cornaline ovale. **Voir planche.**

270. Buste lauré, à g., avec de légers favoris. — Cornaline ovale. **Voir planche.**

271. Buste de soldat de trois quarts à dr., barbu, casqué, la main appuyée sur un bouclier dont on voit le rebord décoré d'un cheval galopant à dr. — Jaspe vert rectangulaire, les angles abattus. **Voir planche.**

272. Tête de femme à dr., les cheveux flottants, diadémée. — Cornaline ovale. **Voir planche.**

273. Athéna. Buste à g., casqué, la poitrine couverte de l'égide. — Aigue-marine quadrangulaire. **Voir planche.**

274. Amour chevauchant un bouc que conduit vers la dr. un autre Amour. Style antique. — Cornaline ovale. **Voir planche.**

275. Quatre Amours de face, dansant en se tenant par les bras. Style antique. — Jaspe sanguin, ovale. **Voir planche.**

276. Pâtre assis à dr. sur un rocher recouvert d'une peau de mouton. Derrière lui, un arbre ; à ses côtés, un bœuf. Style antique. — Cornaline ovale. **Voir planche.**

277. Cléopâtre. Buste à dr., drapé, un serpent mordant le sein découvert. — Cornaline ovale. **Voir planche.**

278. Hercule. Tête imberbe à dr., les cheveux courts ; la massue sur l'épaule. — Cornaline ovale. **Voir planche.**

279. Hercule debout à dr., sa massue à ses pieds, luttant avec un chien qu'il tient par une laisse. Style antique. — Cornaline ovale. **Voir planche.**

280. Satyre jouant avec une chèvre qu'il fait tenir debout devant lui ; derrière, un petit autel. — Jaspe sanguin, ovale. **Voir planche.**

281. Cléopâtre. Buste à g., drapé, les cheveux flottants ; la main g. tient un serpent enroulé autour du bras, et qui lui mord le sein. — Jaspe vert (sanguin), ovale. **Voir planche.**

282. Tête imberbe, à g., les cheveux courts. Style antique. — Cornaline ovale. **Voir planche.**

283. Sphinx accroupi à dr. — Calcédoine quadrangulaire. **Voir planche.**

284. Hercule assis à dr. sur un rocher recouvert de la peau de lion ; devant lui, sa massue ; derrière, son arc. — Cornaline ovale. **Voir planche.**

285. Tête de femme à g., les cheveux épars. — Calcédoine translucide, fumée, ovale. **Voir planche.**

286. Tête d'homme barbu, à dr., coiffé d'un casque. — Calcédoine laiteuse, ovale. **Voir planche.**

287. Tête d'empereur (Commode) à g., barbu, lauré. — Cornaline ovale. **Voir planche.**

288. Tête d'empereur (Adrien) à g., lauré, barbu. — Malachite verte, ovale. **Voir planche.**

289. Femme drapée, casquée, appuyée sur une lance, assise sur une cuirasse ; devant elle, une petite Victoire qui lui tend une palme. — Agate ovale. **Voir planche.**

290. Tête de femme voilée, à dr. — Cornaline ovale. **Voir planche.**

291. Portrait d'homme, imberbe, à dr., vêtu d'un pourpoint. — Cornaline ovale. **Voir planche.**

292. Femme drapée, la main dr. levée, accoudée à un cippe. — Calcédoine translucide, ovale. **Voir planche.**

293. Tête de Cérès à dr., couronnée d'épis. — Cornaline quadrangulaire. **Voir planche.**

294. Divinité égyptienne debout de face, tenant de chaque main un épi ; à ses pieds, deux chiens. — Cornaline ovale. **Voir planche.**

295. Neptune sur un char traîné vers la g. par deux chevaux marins. — Agate translucide, fumée, ovale. **Voir planche.**

296. Jeune satyre debout à g., tenant un pedum et portant une coupe à ses lèvres ; devant lui, un canthare. — Cornaline ovale. **Voir planche.**

297. Buste imberbe à g. Style antique. — Cornaline ovale. **Voir planche.**

298. Buste barbu à g. — Jaspe rouge, Ovale. **Voir planche.**

299. Buste barbu et lauré à dr. — Cornaline ovale. **Voir planche.**

300. Buste barbu et drapé à dr. — Jaspe rouge, ovale. **Voir planche.**

301. Deux têtes barbues accolées, janiformes, l'une chauve, l'autre cornue. — Jaspe rouge, ovale. **Voir planche.**

302. Tête d'enfant de trois quarts à dr. — Cornaline ronde. **Voir planche.**

303. Buste barbu à g. — Jaspe blanc, ovale. **Voir planche.**

304. Buste de femme, drapé à g., ΗΛΓΙΔ. — Cornaline ovale. **Voir planche.**

305. Buste de femme drapée, à g. — Cornaline ovale. **Voir planche.**

306. Buste de femme, drapé à g. — Cornaline ovale. **Voir planche.**

307. Tête de femme à g. — Cornaline ovale.

308. Buste de femme, drapé à g. — Cornaline ovale. **Voir planche.**

309. Buste de femme, drapé à dr. — Cornaline ovale. **Voir planche.**

310. Buste imberbe et lauré à g. — Calcédoine ovale. **Voir planche.**

311. Buste de femme à g. ; des ailerons aux épaules. — Calcédoine à deux couches collées. **Voir planche.**

312. Buste imberbe, couronné de lierre à dr. — Cornaline ovale. **Voir planche.**

313. Deux bustes d'empereurs conjugués, laurés et drapés à g. — Cornaline ovale. **Voir planche.**

314. Buste imberbe, lauré, à g. — Cornaline ovale. **Voir planche.**

315. Buste de femme, de trois quarts, à g., coiffée d'une dépouille d'éléphant ; à g., épi de blé. — Calcédoine ovale. **Voir planche.**

316. Buste de femme, à g. (Faustine). — Cornaline ovale. **Voir planche.**

317. Deux bustes se faisant face, un homme barbu et une femme. — Cornaline oblongue. **Voir planche.**

318. Tête d'enfant de trois quarts, à g. — Jaspe brun, ovale. **Voir planche.**

319. Tête de femme, à g. — Cornaline ovale. **Voir planche.**

320. Buste imberbe à dr. — Jaspe rouge, ovale. **Voir planche.**

321. Femme drapée, debout, de face regardant à dr., sur un tertre, tenant un serpent et un bouquet de fleurs. — Cornaline oblongue. **Voir planche.**

322. Femme assise sur un siège ; devant elle, un petit Amour qui lui tend une couronne. — Cornaline quadrangulaire. **Voir planche.**

323. Philoctète assis à g., la tête appuyée sur la main dr., à côté de lui, son arc et ses flèches. — Sardonyx ovale. **Voir planche.**

324. Personnage nu, debout, vu de dos, tenant un flambeau renversé ; à côté de lui, un petit autel embrasé. — Jaspe rouge, ovale. **Voir planche.**

325. Portrait d'homme chauve. — Cornaline ovale. Travail du XVIIIe s. **Voir planche.**

326. Buste d'homme à dr., imberbe, drapé. Sous la tranche du buste, ΠΙΧΛΕΡ. — Cristal de roche ovale. — Beau travail du célèbre graveur en pierres fines Pichler (XVIIIe siècle). **Voir planche.**

327. Le Christ. Buste nimbé, à g. Au revers, tête de femme à g., les cheveux relevés en bourrelet. — Jaspe ovale.

328. Buste de la Vierge, voilée à g. — Agate bleutée, ovale.

329. Deux soldats tenant une enseigne surmontée d'un aigle, couronnés par deux personnages debout derrière eux. A l'ex., inscription. — Cornaline ovale. **Voir planche.**

330. Victoire tenant une couronne, debout à g. sur un globe où s'enroule un serpent; devant elle, une colonne sur laquelle sont posés un papillon et un rameau. — Cornaline ovale. **Voir planche.**

331. Cippe surmonté d'une tête imberbe, de face. De part et d'autre, deux groupes de personnages. A dr., personnage agenouillé tenant une coupe et deux épis; derrière, un second personnage tenant deux épis. A g., femme drapée marchant à dr., tenant un bouquet d'épis; devant elle, un jeune homme nu; entre eux, un Amour. — Calcédoine verte. **Voir planche.**

332. Personnage à demi nu, assis à g. sur un siège en forme de chien; devant lui, la tête de Zeus sur un cippe, à l'ombre d'un arbre; au pied du cippe, une lyre, et devant, un Amour dansant. — Cornaline ovale. **Voir planche.**

333. Athéna. Buste à dr., casqué, revêtu de l'égide. — Sardonyx fumée, ovale. **Voir planche.**

334. Jeune homme nu, debout à dr., tenant deux javelots; devant lui, une divinité surmontant un rocher; à ses pieds, deux chiens. — Calcédoine ovale. **Voir planche.**

335. Femme drapée, agenouillée à dr., devant une corbeille, et tendant une coupe à un aigle devant elle. — Cornaline ovale. **Voir planche.**

336. Vénus accroupie. — Sardonyx ovale, verdâtre. **Voir planche.**

337. Hercule marchant à dr., couvert de la peau de lion, la massue à l'épaule. — Cristal de roche, ovale. **Voir planche.**

338. Homme nu, debout à dr., s'appuyant sur un bâton. — Grenat ovale. **Voir planche.**

PATES DE VERRE

---

339. Buste de Minerve, à g. — Pâte de verre. — Travail moderne. **Voir planche.**

340. Bacchante marchant vers la g., à demi nue, une peau de panthère sur les épaules. — Pâte de verre. — Travail moderne. **Voir planche.**

341. Femme à demi nue, debout à dr. (?). — Pâte de verre ovale, jaune.

342. Diane (?) debout à dr., avec son chien. — Pâte de verre ovale, jaune.

343. Porc debout à g. — Pâte de verre ovale, jaune.

344. Bacchante debout à g., dansant, une lyre à la main. — Pâte de verre ovale, rouge. **Voir planche.**

345. Tête d'Hercule barbu, à g. — Pâte de verre ovale, rouge. **Voir planche.**

346. Soldat courant à g. — Pâte de verre ovale, jaune. **Voir planche.**

347. Femme à demi nue, assise à g., elle est prise au piège par un pied, et tient par un fil un papillon ; devant elle, l'Amour. Trace de signature, à dr. ...**EMAP**... — Pâte de verre ovale. **Voir planche.**

348. Amour debout à g. — Pâte de verre verte, blanche et bleue. **Voir planche.**

349. Griffon courant à g. — Pâte de verre violette, ovale. **Voir planche.**

350. Tête d'homme imberbe à g. — Pâte de verre foncée, ovale. **Voir planche.**

351. Éléphant à g. — Pâte de verre brune, ovale. — Travail antique.

352. Corne d'abondance. — Pâte de verre, ovale. — Travail antique.

353. Personnage comique, debout à dr., tenant un rhyton. — Pâte de verre brune, ovale. — Travail antique.

354. Buste de femme, drapée, à g. — Pâte de verre verte, ovale. — Travail antique.

355. Deux rats rongeant un épi de maïs. — Pâte de verre ovale, jaunâtre.

356. Masque imberbe, de face. — Pâte de verre bleu foncé, ovale. — Travail antique.

357. Buste de femme à g., les cheveux sur le cou, drapée. — Pâte de verre, fumée, ovale. — Travail moderne. **Voir planche.**

MACON, PROTAT FRÈRES, IMPRIMEURS. — MCMXXVI

PL. I

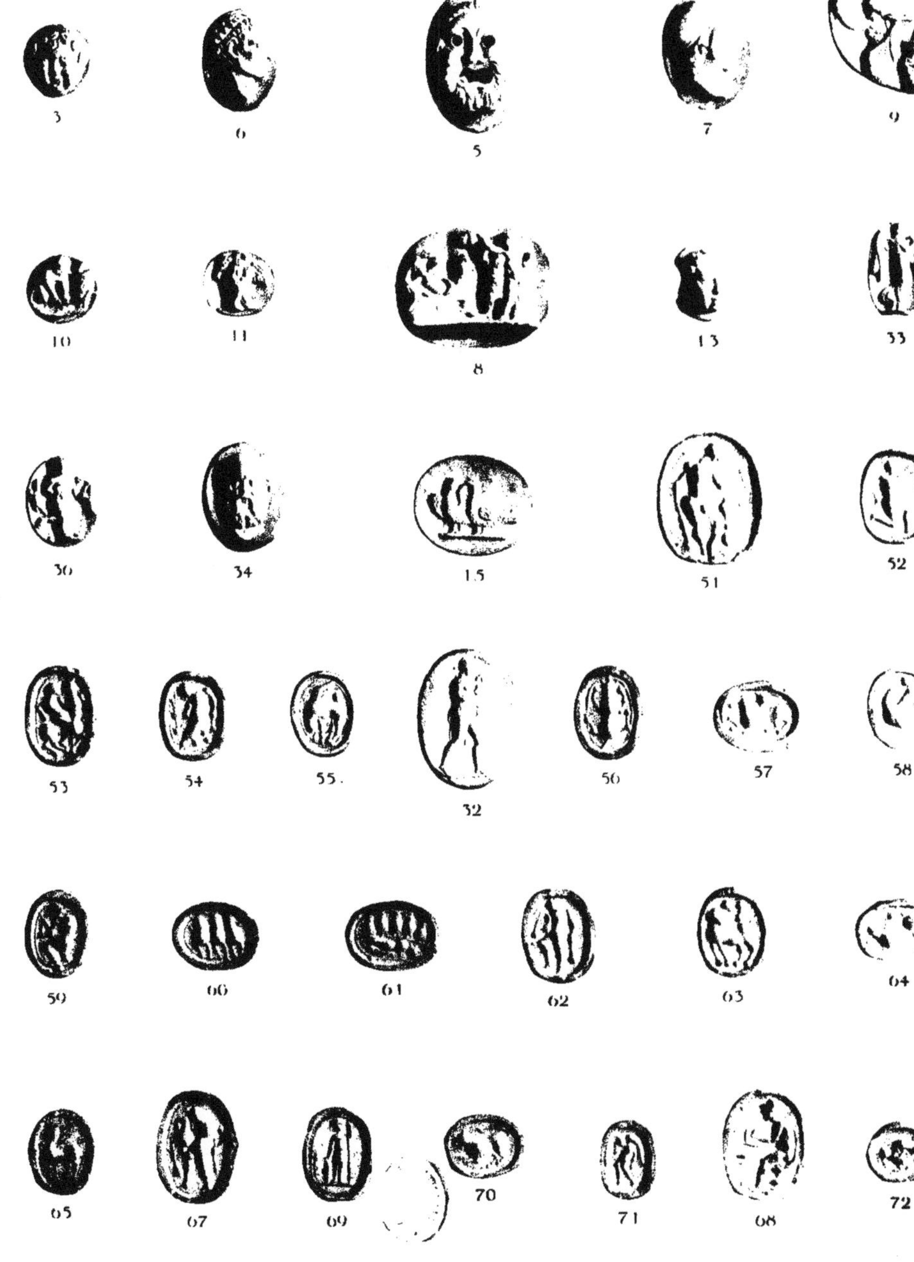

3
6
5
7
9
10
11
8
13
33
30
34
15
51
52
53
54
55
32
56
57
58
59
60
61
62
63
64
65
67
69
70
71
68
72

Pl. II

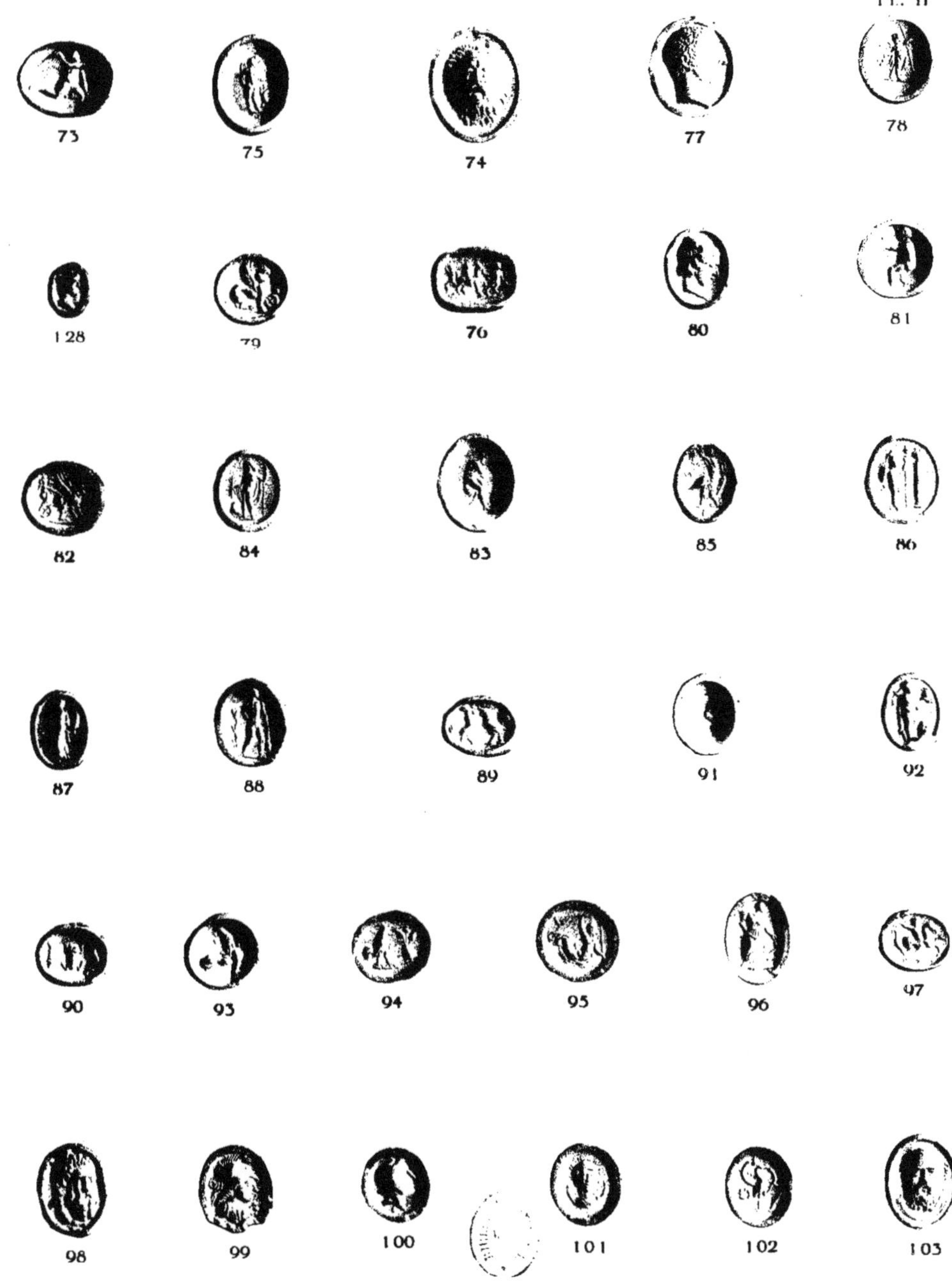

73
75
74
77
78
128
79
76
80
81
82
84
83
85
86
87
88
89
91
92
90
93
94
95
96
97
98
99
100
101
102
103

PL. III

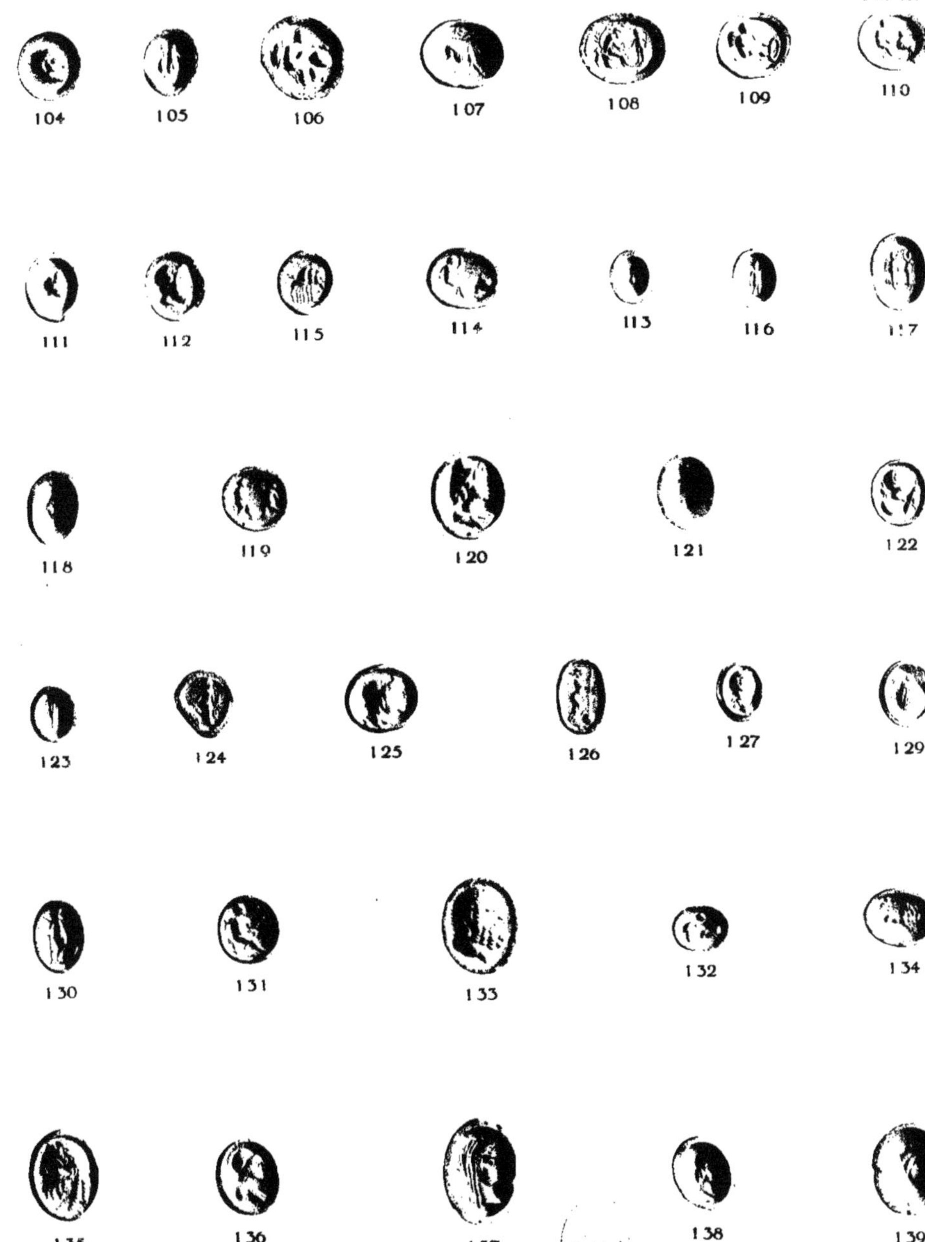

104
105
106
107
108
109
110
111
112
115
114
113
116
118
119
120
121
122
123
124
125
126
127
129
130
131
133
132
134
135
136
137
138
139

Pl. IV

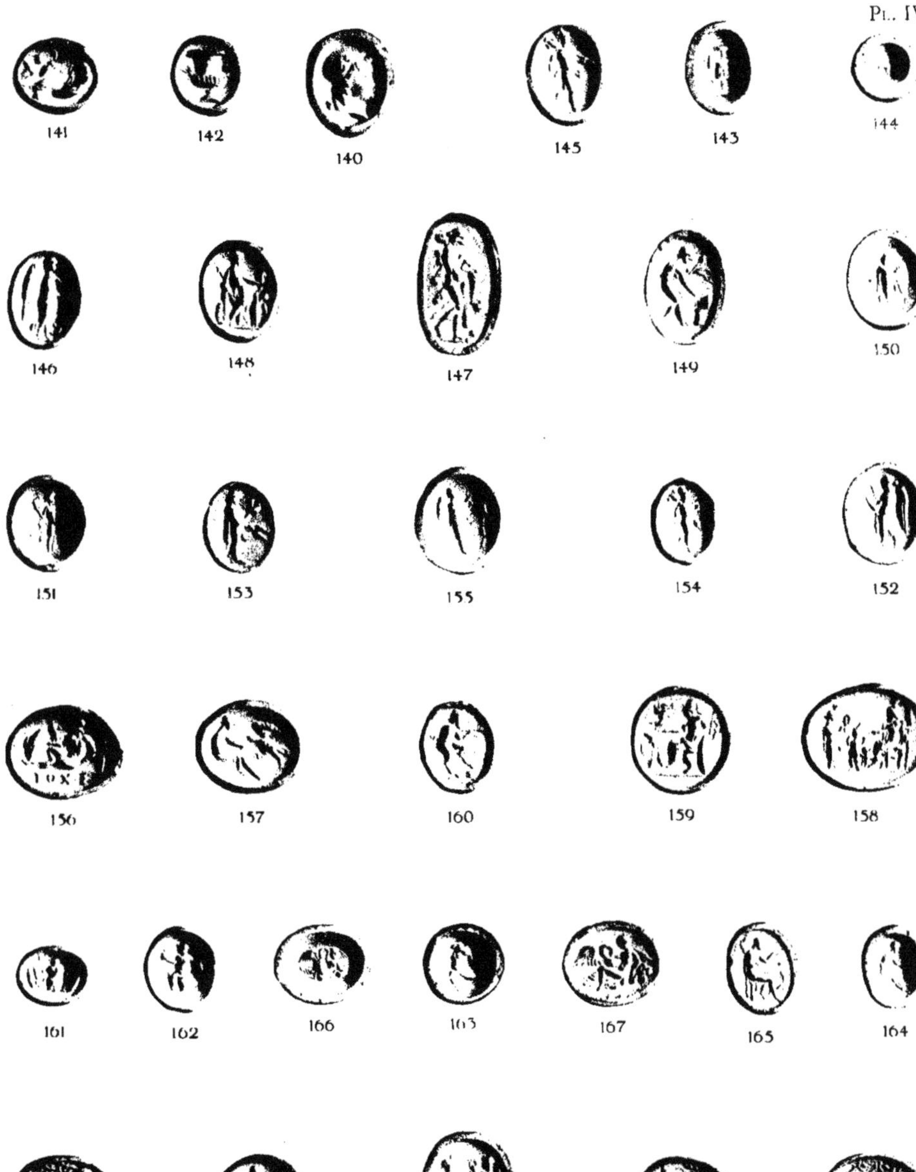

141 142 140 145 143 144
146 148 147 149 150
151 153 155 154 152
156 157 160 159 158
161 162 166 163 167 165 164
168 170 172 171 169

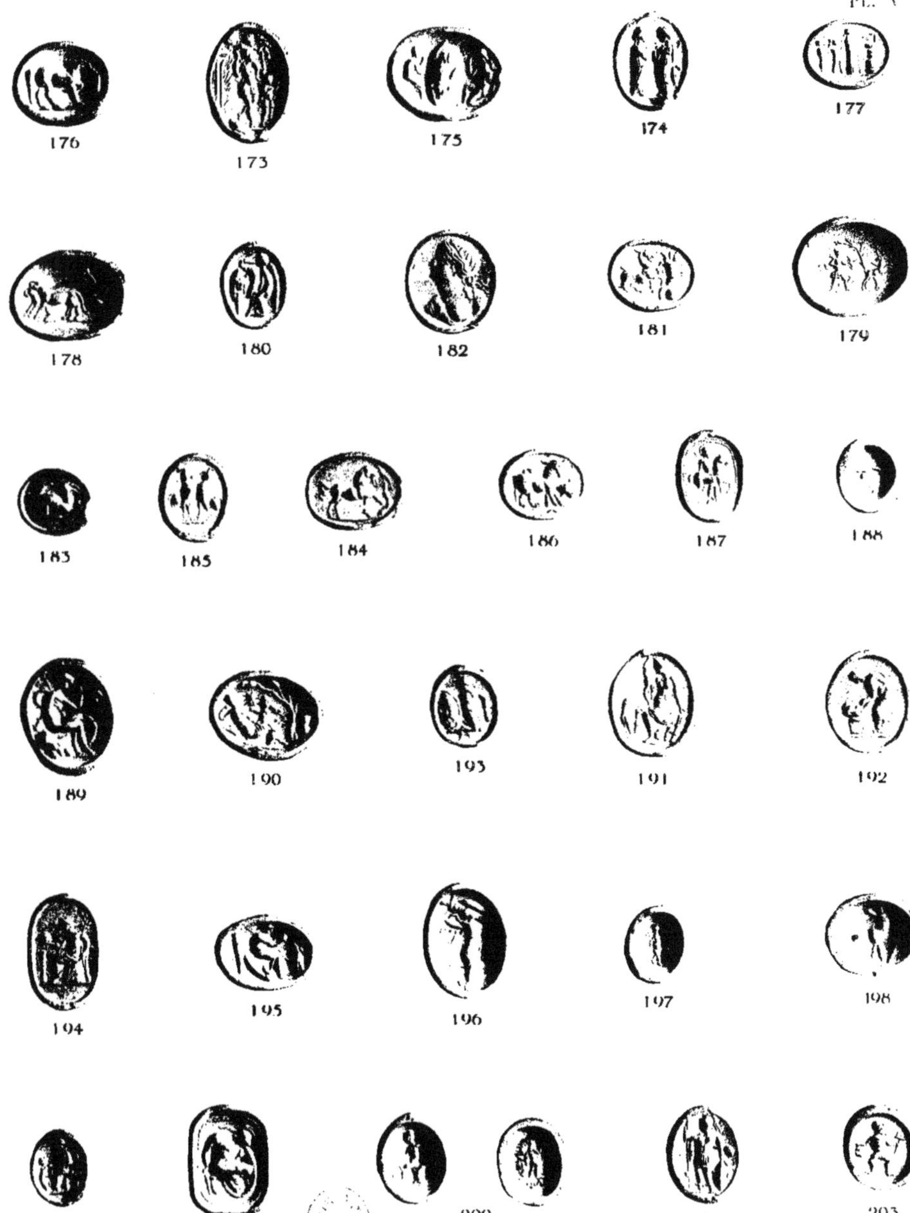
176
173
175
174
177
178
180
182
181
179
183
185
184
186
187
188
189
190
193
191
192
194
195
196
197
198
199
201
200
202
203

Pl. VI

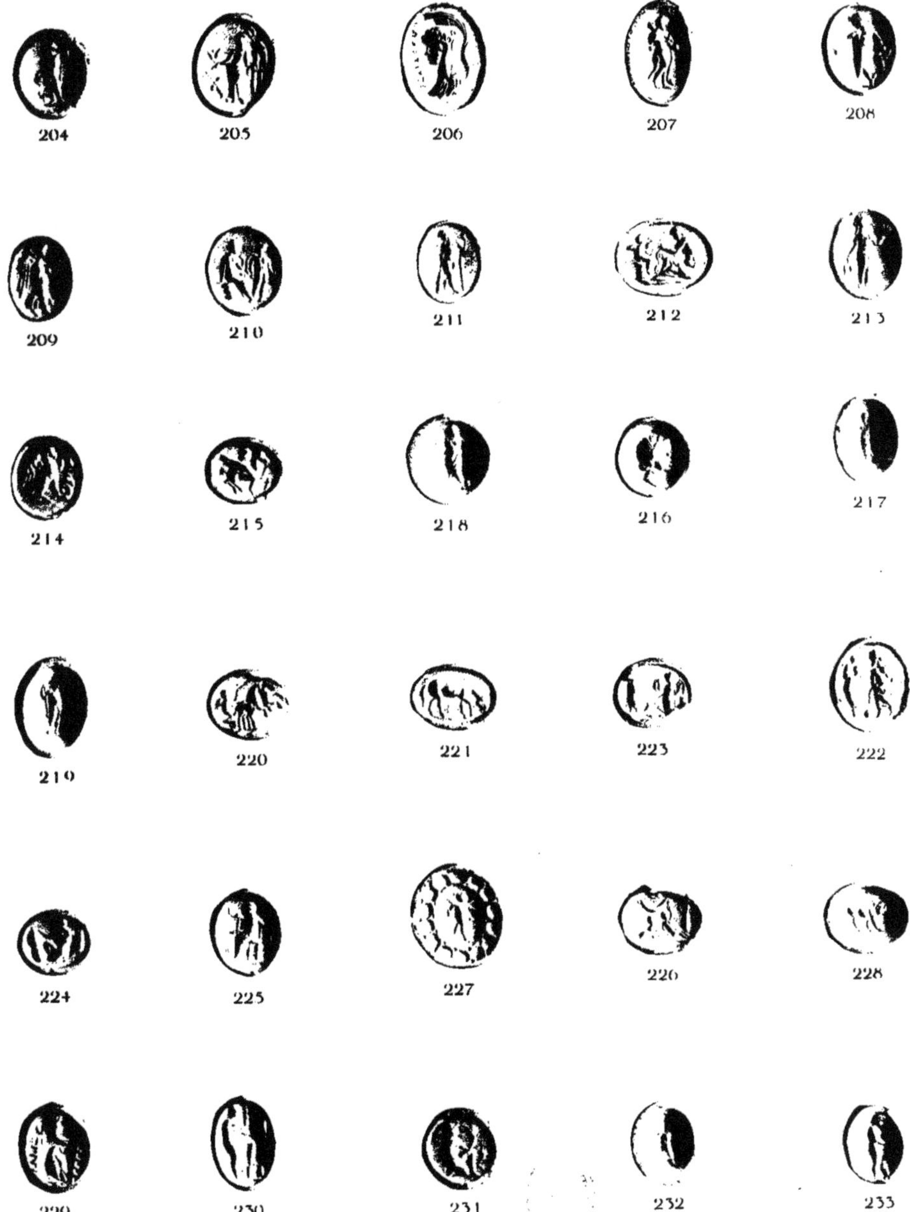

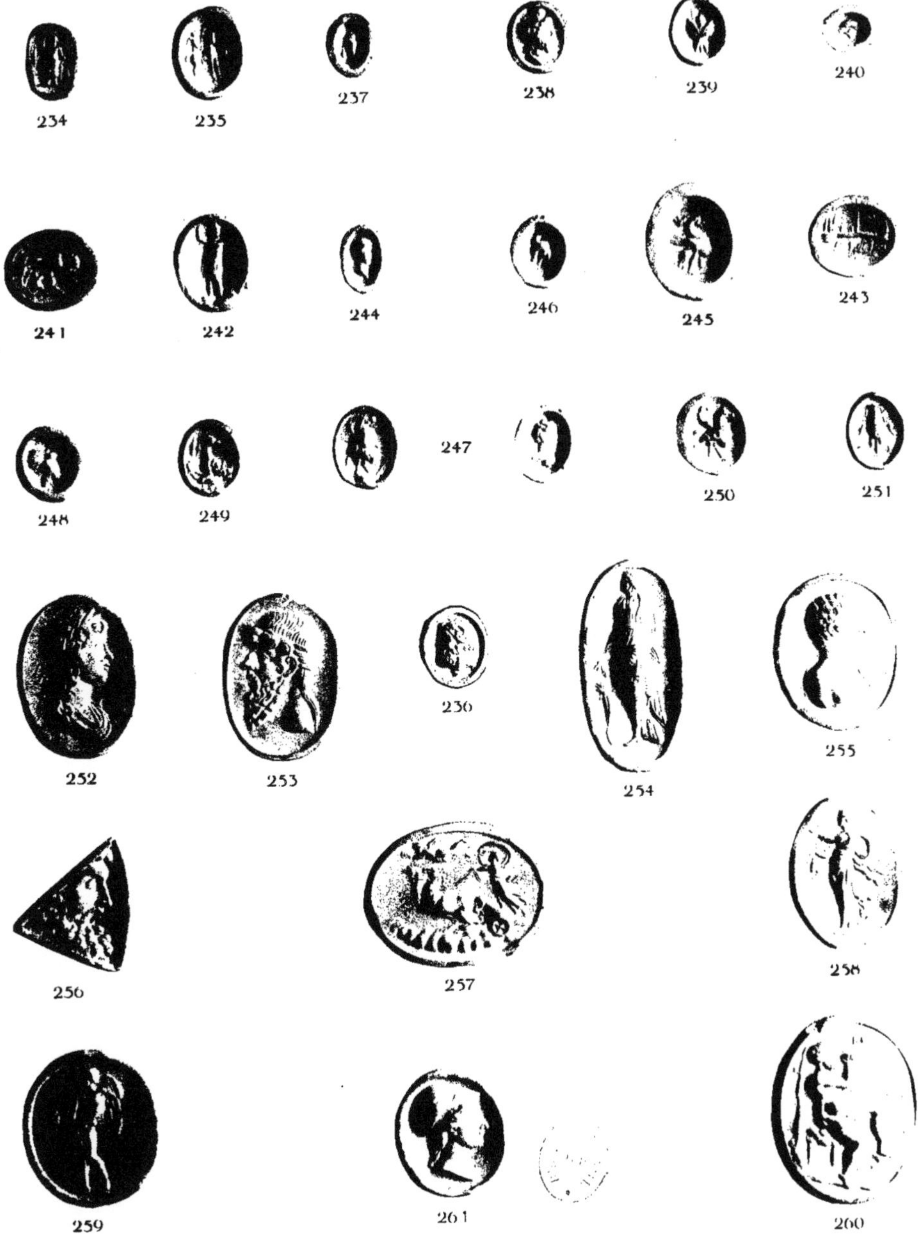
234 235 237 238 239 240
241 242 244 246 245 243
248 249 247 250 251
252 253 236 254 255
256 257 258
259 261 260

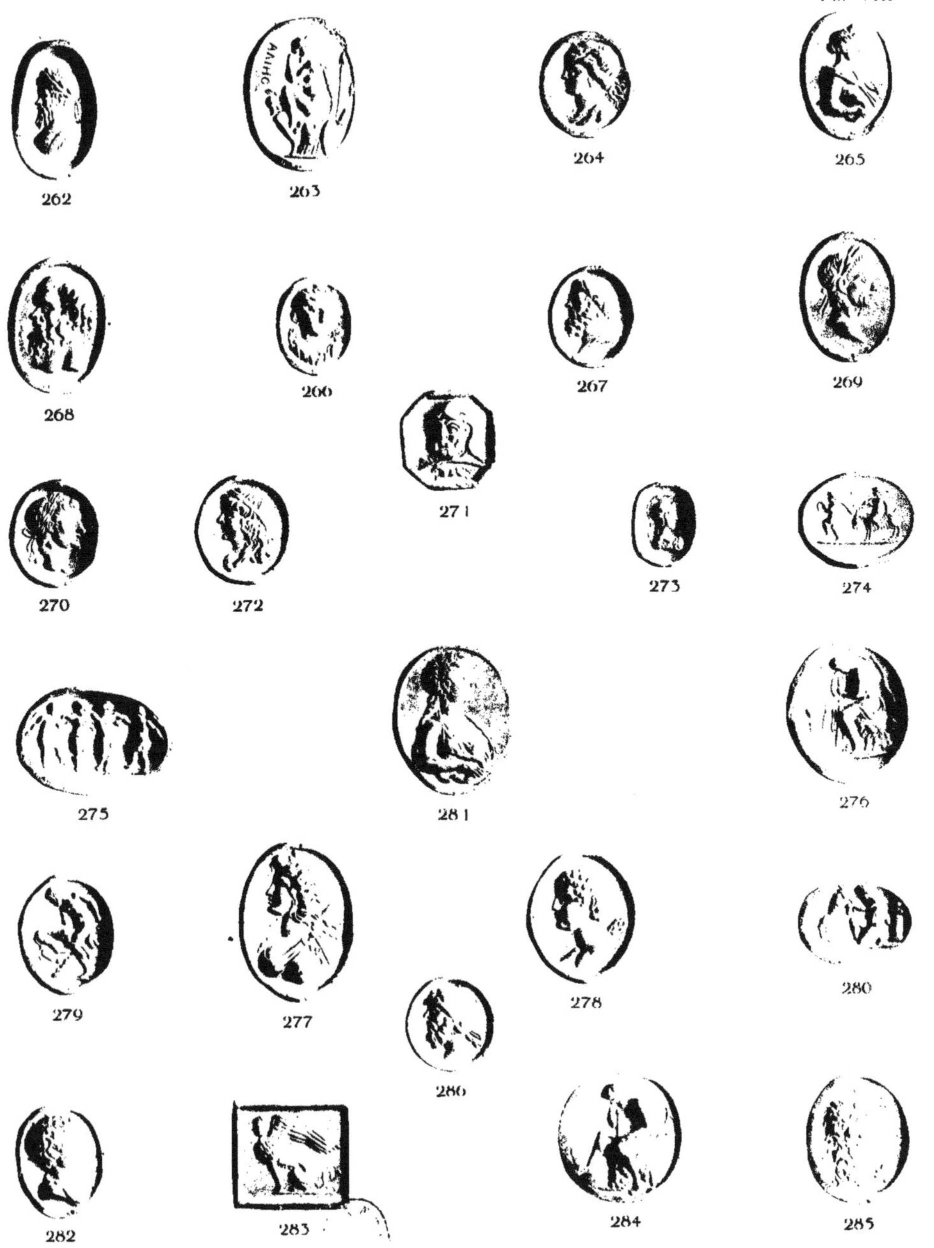
262
263
264
265
268
266
267
269
271
270
272
273
274
275
281
276
279
277
286
278
280
282
283
284
285

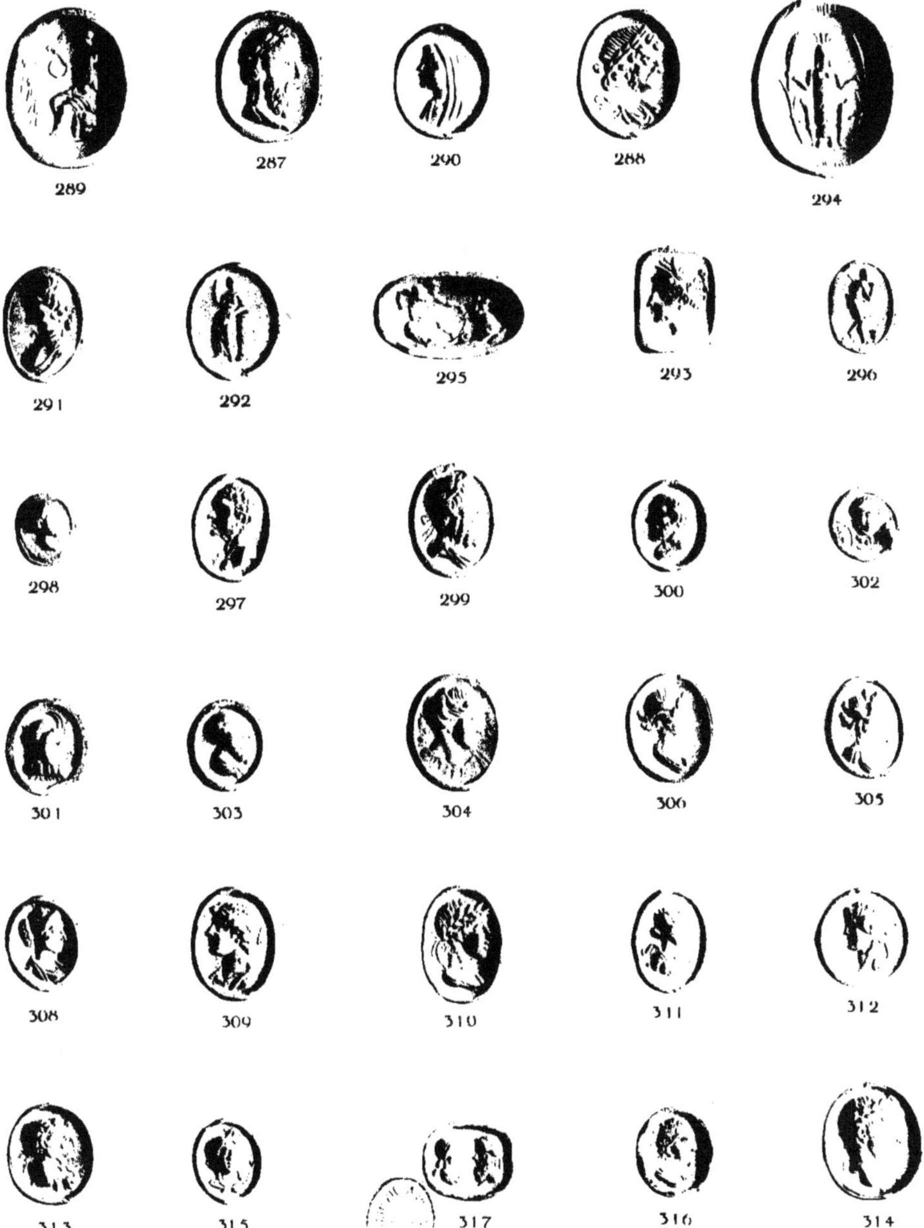
289
287
290
288
294
291
292
295
293
296
298
297
299
300
302
301
303
304
306
305
308
309
310
311
312
313
315
317
316
314

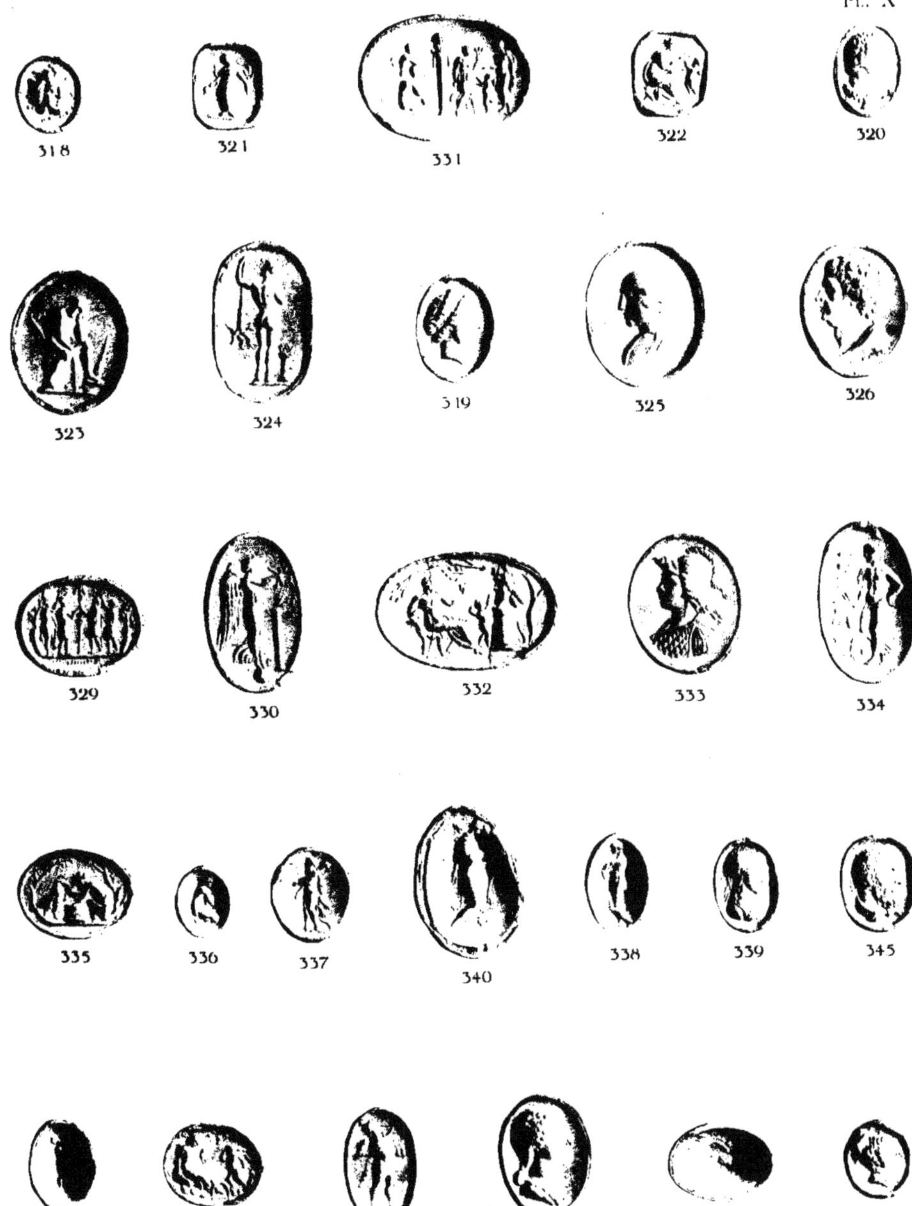
318
321
331
322
320
323
324
319
325
326
329
330
332
333
334
335
336
337
340
338
339
345
344
347
348
357
349
350

www.ingramcontent.com/pod-product-compliance
Ingram Content Group UK Ltd.
Pitfield, Milton Keynes, MK11 3LW, UK
UKHW020449180726
13839UKWH00004B/1725

9 782329 391465